Elk kind dat geboren wordt, is een onbeschreven blad.
Het moet nog alles leren, alles ervaren.
Voor alles is er een 'Eerste keer'.
Het zijn die kleine maar beslissende momenten
waardoor we groeien en iemand worden.

Een eerste lach, de eerste keer op het potje,
de eerste stapjes, de eerste gênante woede-uitbarsting
aan de kassa in de winkel, het eerste tandje...
En later de eerste dag naar school,
de eerste sneeuwman, de eerste nieuwjaarsbrief
en zoveel meer.

Stuk voor stuk intense ervaringen.
Schrijf ze op. Geef ze een geheugen.
Bewaar ze in 'Mijn eerste keer'.

Mijn 1ste keer

- lachen
- aan de borst
- van een flesje drinken
- nachtje doorslapen
- fruitpap
- groentepap
- recht op de beentjes
- in de maxi cosi
- in de buggy
- naar de kinderopvang
- naar school
- bij de dokter
- een spuit bij de dokter
- zelf de kaarsjes uitblazen
- in de sneeuw
- aan zee
- in het zwembad
- in de speeltuin
- Sint & Piet ontmoeten
- gaan logeren
- in het vliegtuig
- op restaurant
- met mes en vork eten
- op de grote wc
- zelf billen proper maken
- naar de kapper
- een citroen proeven
- spruitjes eten
- ziek zijn
- in een autostoel
- fietsen zonder zijwieltjes
- huiswerk maken
- een goed rapport krijgen
- een tandje verliezen
- op het potje
- op de driewieler
- een witte kerst
- naar de cinema
- een sneeuwman maken
- een nieuwjaarsbrief voorlezen
- bij de tandarts
- met een blauwe plek
- met een blauw oog
- met een schram
- met griep of hoge koorts
- op de fiets

- mama helpen in de keuken
- mee de auto wassen met papa
- met mama haar schoenen aan
- in een tent slapen
- op hotel
- een kampvuur bouwen
- op kamp
- kikkervisjes vangen
- een kussengevecht
- in een boom klimmen
- met de fiets naar school
- appels plukken
- skiën
- sleeën
- in de plassen lopen
- iets kapot laten vallen
- een dam bouwen
- naar het circus
- een zandkasteel bouwen
- een cake bakken
- een spreekbeurt geven
- op reis
- in de gips
- een bloedneus
- baasje van een huisdier
- paaseieren rapen
- kussen
- nieuwjaar zingen
- mijn eigen kamer opruimen
- op de iPad
- zelf telefoneren
- verliefd worden
- een liefje
- dansen
- in de botsauto's of de rups
- naar de kermis/pretpark
- een nachtmerrie
- groeipijnen
- van de schuif af
- op de schommel
- zonder bandjes zwemmen
- onder de douche
- naar een feestje
- mijn neus alleen snuiten
- zonder pamper
- zonder tutje slapen
- in een groot bed
- zonder babyslaapzak
- alleen thuis
- mijn naam schrijven
- met lusletters schrijven
- veters knopen
- een horloge dragen
- ruzie met broer/zus
- knippen met een schaar
- ...

'tis
voor mij
de eerste
keer

KLEEF HIER EEN FOTO

_____ EN IK VOND HET _____

WAS OP

2 0

DAG MAAND JAAR

———————— **EN IK VOND HET** ————————

....

———————————— **EN IK VOND HET** ————————————

WAS OP

		2	0	
DAG	MAAND		JAAR	

———————— **EN IK VOND HET** ————————

....

———————————— EN IK VOND HET ————————————

....

———————————— EN IK VOND HET ————————————

....

....

....

....

WAS OP

DAG MAAND JAAR

_____ EN IK VOND HET _____

DAG MAAND JAAR

———————————— EN IK VOND HET ————————————

WAS OP

DAG	MAAND	JAAR
		2 0

———————————— EN IK VOND HET ————————————

WAS OP

		2 0
DAG	MAAND	JAAR

———————— **EN IK VOND HET** ————————

....

─────────────────── **EN IK VOND HET** ───────────────────

....

....

....

....

WAS OP

DAG	MAAND	JAAR
		2 0

—————————— **EN IK VOND HET** ——————————

....

WAS OP

| DAG | MAAND | 2 0 JAAR |

_____ **EN IK VOND HET** _____

....

....

....

....

....

WAS OP

	2	0	
DAG	MAAND		JAAR

_____ **EN IK VOND HET** _____

....

....

....

....

....

WAS OP

| DAG | MAAND | 2 0 JAAR |

_____ **EN IK VOND HET** _____

WAS OP

2 0

DAG   MAAND   JAAR

——————————— **EN IK VOND HET** ———————————

....

WAS OP

		2 0
DAG	MAAND	JAAR

———————————— EN IK VOND HET ————————————

....

....

....

....

....

DAG   MAAND   JAAR

——————————————— **EN IK VOND HET** ———————————————

....

....

....

....

DAG MAAND JAAR

———————————— EN IK VOND HET ————————————

....

———————————— **EN IK VOND HET** ————————————

....

....

....

....

———————————— EN IK VOND HET ————————————

WAS OP

| DAG | MAAND | 2 0 JAAR |

_____ **EN IK VOND HET** _____

WAS OP

DAG MAAND JAAR 2 0

_____ EN IK VOND HET _____

....

———————————— **EN IK VOND HET** ————————————

....

....

....

....

....

———————————————— EN IK VOND HET ————————————————

....

....

....

....

WAS OP

DAG MAAND JAAR

EN IK VOND HET

WAS OP

DAG MAAND JAAR

———————————— EN IK VOND HET ————————————

DAG MAAND JAAR

———————————— EN IK VOND HET ————————————

....

WAS OP

		2 0
DAG	MAAND	JAAR

———————————— EN IK VOND HET ————————————

....

....

....

....

....

_____ EN IK VOND HET _____

....

....

....

....

WAS OP

		2 0
DAG	MAAND	JAAR

_____ **EN IK VOND HET** _____

....

WAS OP

DAG MAAND 2 0 JAAR

_____ **EN IK VOND HET** _____

DAG MAAND JAAR

———————————— EN IK VOND HET ————————————

WAS OP

DAG MAAND 2 0 JAAR

_____ EN IK VOND HET _____

....

_____ **EN IK VOND HET** _____

....

....

....

....

....

WAS OP

		2 0	
DAG	MAAND	JAAR	

——————————— **EN IK VOND HET** ———————————

WAS OP

DAG	MAAND	JAAR
		2 0

_____ **EN IK VOND HET** _____

WAS OP

DAG MAAND JAAR

———————— EN IK VOND HET ————————

....

WAS OP

DAG	MAAND	JAAR
		2 0

―――――――――――――― **EN IK VOND HET** ――――――――――――――

....

WAS OP

	2	0	
DAG	MAAND		JAAR

_____ **EN IK VOND HET** _____

....

WAS OP

DAG	MAAND	2 0	
		JAAR	

——————————— **EN IK VOND HET** ———————————

....

WAS OP

| DAG | MAAND | 2 0 JAAR |

──────────────── **EN IK VOND HET** ────────────────

WAS OP

 2 0

DAG MAAND JAAR

——————————— **EN IK VOND HET** ———————————

....

———————————— **EN IK VOND HET** ————————————

....

....

....

....

DAG MAAND JAAR

———————————— EN IK VOND HET ————————————

....

WAS OP

		2	0	
DAG	MAAND		JAAR	

————————— **EN IK VOND HET** —————————

....

....

....

....

....

_____ EN IK VOND HET _____

WAS OP

DAG MAAND JAAR

_____ EN IK VOND HET _____

....

WAS OP

	2	0	
DAG	MAAND	JAAR	

———————————— EN IK VOND HET ————————————

....

....

....

....

....

_____ EN IK VOND HET _____

EN IK VOND HET

....

————————————————— **EN IK VOND HET** —————————————————

....

....

....

....

WAS OP

2 0

DAG   MAAND   JAAR

———————— **EN IK VOND HET** ————————

WAS OP

		2	0	
DAG	MAAND		JAAR	

——————— EN IK VOND HET ———————

....

WAS OP

| | 2 | 0 | |
|DAG|MAAND|JAAR| |

———————————————— **EN IK VOND HET** ————————————————

DAG MAAND JAAR

———————————— EN IK VOND HET ————————————

....

——————————— **EN IK VOND HET** ———————————

....

....

....

....

....

EN IK VOND HET

....

_____ **EN IK VOND HET** _____

....

WAS OP

	2	0	
DAG	MAAND	JAAR	

──────────── **EN IK VOND HET** ────────────

....

WAS OP

DAG   MAAND   JAAR

———————— **EN IK VOND HET** ————————

....
....
....
....

....

WAS OP

| DAG | MAAND | 2 0 JAAR |

_____ **EN IK VOND HET** _____

....

....

....

....

....

_____ **EN IK VOND HET** _____

....
....
....
....

....

WAS OP

DAG   MAAND   **2 0** JAAR

——————————— **EN IK VOND HET** ———————————

_____ EN IK VOND HET _____

WAS OP

DAG MAAND JAAR

———————————— EN IK VOND HET ————————————

WAS OP

DAG MAAND JAAR 20

___ EN IK VOND HET ___

WAS OP

DAG MAAND JAAR

———————— EN IK VOND HET ————————

....

WAS OP

DAG MAAND JAAR 2 0

—————————— EN IK VOND HET ——————————

WAS OP

2 0

DAG   MAAND   JAAR

—————— EN IK VOND HET ——————

....

---------------------------- EN IK VOND HET ----------------------------

....

———————————————— **EN IK VOND HET** ————————————————

....

....

....

———

....

WAS OP

DAG   MAAND   JAAR   2 0

———————————— **EN IK VOND HET** ————————————

WAS OP

DAG MAAND JAAR

_____ EN IK VOND HET _____

....

———————————————— EN IK VOND HET ————————————————

....

....

....

....

WAS OP

DAG MAAND JAAR

___ EN IK VOND HET ___

WAS OP

DAG MAAND JAAR

———————— EN IK VOND HET ————————

DAG　MAAND　JAAR

———————————— EN IK VOND HET ————————————

....

———————————————— EN IK VOND HET ————————————————

....
....
....
....

DAG   MAAND   JAAR

———————————— EN IK VOND HET ————————————

DAG MAAND JAAR

———————————— **EN IK VOND HET** ————————————

WAS OP

DAG MAAND JAAR

———————— EN IK VOND HET ————————

WAS OP

DAG MAAND JAAR

_____ **EN IK VOND HET** _____

....

———————————— EN IK VOND HET ————————————

....

WAS OP

DAG MAAND JAAR 2 0

———————— EN IK VOND HET ————————

....

———————————— EN IK VOND HET ————————————

....

———————————————— **EN IK VOND HET** ————————————————

___ EN IK VOND HET ___

....

WAS OP

		2 0	
DAG	MAAND	JAAR	

———————————— **EN IK VOND HET** ————————————

....

....

....

....

_____ EN IK VOND HET _____

....

─────────────── **EN IK VOND HET** ───────────────

....

....

....

....

WAS OP

DAG MAAND JAAR

——————— EN IK VOND HET ———————

....

———————————— **EN IK VOND HET** ————————————

WAS OP

DAG　MAAND　JAAR

———————————— EN IK VOND HET ————————————

....

——————————————— **EN IK VOND HET** ———————————————

....

....

....

....

WAS OP

DAG MAAND JAAR

———————————— EN IK VOND HET ————————————

....

———————————————— **EN IK VOND HET** ————————————————

....

....

....

....

_____ EN IK VOND HET _____

....

_____ **EN IK VOND HET** _____

....

WAS OP

2 0

DAG   MAAND   JAAR

———————————— EN IK VOND HET ————————————

....

....

....

....

Colofon

© Stratier, 2017

www.stratier.be

Niets uit deze uitgave mag worden verveelvoudigd en/of vermenigvuldigd door middel van druk, fotokopie, microfilm of op welke andere wijze dan ook, zonder voorafgaande schriftelijke toestemming van de uitgever.

VORMGEVING & CONCEPT
Tom Suykens & Dieter Coppens.

DRUK
Ink 69
Print is not dead, it just smells funny.

Made in Belgium

ISBN: 9789082279993
NUR: 012
D/2017/13.498/2